AF602810

RESPONSE DE MONSIEVR BOCHART, Ministre à Caën.

A LA LETTRE DE MONSIEVR DE LA BARRE, Iesuite.

M. DC. LXI.

RESPONSE DE MONSIEVR BOCHART MINISTRE A CAEN.

A la Lettre de MONSIEVR de la BARRE Jesuite.

MONSIEVR,

Dés le Mercredy & Ieudy de la semaine passée on me rapporta de diuers costés, que vous vous estonniés de n'auoir receu de moy aucune responce sur des matieres bien importantes, dont vous me deuiés auoir escrit. Cependant vos lettres, que i'ay enfin receuës ne sont datées, que de Lundy dernier 25. de ce mois. Et celuy que vous en auiés chargé, vous tesmoignera, qu'il ne me les a deliurés qu'auant-hier, qui fut le Ieudy 28. En ces lettres vous me conuiés dés l'en-

trée à rẽdre tesmoignage à la Verité, sãs alterer la Charité. Par là me recommandant les deux vertus, que j'aime auec plus de passion, comme les principaux ornemens des deux plus nobles facultés de l'ame, l'vne de l'entendement, & l'autre de la volonté. Car comme sans la Verité nos entendemens demeurent en tenebres, & ne font qu'errer & s'esgarer, aussi sans la Charité nos volõtés & affections, au lieu d'aimer Dieu & le prochain, ne s'attachent qu'aux choses du monde, & se destournent vers vn faux objet. Et Dieu nous a voulu tesmoigner le cas qu'il fait de ces deux vertus, en ce qu'il d'aigne emprunter leurs nõs, quand il s'appelle en S. Iean Verité & Charité.
1. Ioh 4. Et l'Escriture les joint quelques fois,
8. & 5. comme sœurs, qui s'entretiennent par vn
6. agreable liẽ. Ainsi S. Paul veut, que nous
suiuiõs Verité auec Charité, & que nous
Ephe. retenions τὴν ἀγάπην τῆς ἀληθείας *la Charité de*
4 5. *Verité* pour estre sauués. Et S. Iean sou-
2. Thess. haite pour la Dame Eleuë & pour ses en-
2. 10. fans, que la grace de Dieu soit auec eux
en verité & charité. Qui est vn assortimẽt necessaire sur tout en ceux qui sont appellés à prescher la Parole de Dieu. Car

s'ils publient la verité *sans y joindre* la charité il sont de ceux qui preschent Iesus Christ par enuie & par contention. Phil. 1. 15.
Et s'ils dérogent à la verité sous pretexte de la charité, ils se laissent emporter à la lasche complaisance de ceux qui pour plaire aux hommes cessent d'estre serui- Gal. 1.
teurs de Christ. Puis donc, Monsieur, que 12.
nous deuons auoir tous deux pour but de conduire au chemin de salut ceux qui par le Baptesme ont esté consacrés à Dieu, faisons l'vn & l'autre vn veu solennel de nous proposer deuant les yeux la verité & la charité, l'vne pour regle de nos paroles, & l'autre pour guide de nos actions.

C'est le vray & vnique moyen d'accorder nos deux Religions, & non celuy dõt vous vous serués depuis vingt cinq ou trente ans, tant vous, Monsieur, que tous vos collegues, comme d'vn *puissant argument* pour nous obliger à nous ranger à vostre Communion, au lieu que ie ne pense pas qu'il y ait procedure au monde plus capable de nous en esloigner. Car pour obliger des personnes à quitter leur Religon, pour en embrasser vne autre, à laquelle leur conscience n'acquiesce pas, il faut ou des raisons solides qui les conuainquent par l'euidence de la verité, ou du moins de fausses couleurs qui les esbloüissent par leur vray semblance, par laquelle on impose quelquesfois aux esprits simples, leur faisant passer les apparãces pour vne verité solide. Or vous me permettrés de vous dire qu'en cette raisõ que vous voulés nous faire passer pour vn si *puissant argument*. Ie ne trouue ni l'vn ni l'autre. Car au lieu d'alleguer quelque chose de la Parole de Dieu pour vostre Religion ou contre la nostre, qui sont les armes dont se doiuent seruir ceux qui ont pour but de nous conuaincre, vous ne nous allegués autre chose qu'vn Synode National tenu à Charenton l'an 1631. auquel quelques Lutheriens de la Prouince de Bourgongne ayans demandé d'estre receus à nostre Communion, le Synode declare *qu'attendu que les Eglises de la confesion d'Ausbourg* (qui sont les Lutheriens) *conuiennent auec les autres Reformées és principes & points fondamentaux de la vraye Religion, & qu'il n'y a en leur culte ni idolatrie ni superstition. Les fideles de ladite confeßion qui auec esprit de charité & vrayement paisible se rangent aux assemblées publiques des Eglises de ce Royaume, & desirent leur Communion, pourront ſans faire abjuration eſtre receus à la Sainte Table , & contracter mariage auec les fideles de noſtre confeßion, & preſenter en qualité de Parrains des enfans au Bapteſme , en promettant au Conſiſtoire qu'ils ne les ſolliciteront jamais à contreuenir , ſoit directement ſoit indirectement , à la doctrine creuë & profeßée en nos Egliſes.* Ce ſont les mots du Synode auquel Preſidoyent les Sieurs Meſtreſat & Iamet (& non, comme on vous a dit le Sieur Vincent, qui n'y eſtoit pas.) Et c'eſt de là que vous inferés que puiſque nous auons receu les Lutheriens qui demandoyent noſtre Cõmunion , nous ne deuons pas faire difficulté de nous ranger à la voſtre. Veu que vous auez la meſme creance qu'eux , & eux la meſme que vous , en ce qui concerne la preſence réelle du corps & du Sang de Ieſus Chriſt en l'Euchariſtie. Or ſans m'enquerir qui ont eſté les premiers qui ont mis cette raiſon en auant, voyci vn moyen bien court d'en monſtrer la futilité, au moins à ceux qui ſont gens de lettres. C'eſt qu'il n'y a point de bonne raiſon qui ne ſe puiſſe tirer de propoſitions veritables & couchées en bonne forme. Or c'eſt ce qu'on ne fera jamais de celle-cy. Car de quelque façon qu'on l'y mette, on'y trouuera tousiours de grands defauts. C'est pourquoy de tant de gens qui se sont seruis de cét argumẽt, je n'en ay encor veu aucun qui l'ait mis en Syllogisme : Car dites moy s'il vous plaist, Monsieur, comment vous le formeriés? seroit-ce en cette façon ?

Ceux qui ont receu les Lutheriens à leur Communion, nous y doiuent außi reçeuoir.

Vous aués reçeu les Lutheriens à vostre Communion.

Donc vous nous y deués außi reçeuoir.

Ce Syllogisme est en bonne forme : Mais au regard de la matiere il y a deux grands defauts. L'vne que la Maieure est fausse, l'autre qu'il ne conclut pas la question. Car la question est, si nous deuons nous ranger à vostre Religion, comme vous le pretendés. Et que la Majeure soit fausse c'est chose tres-euidente. Car qui a-il de plus absurd que cette proposition, *Ceux qui ont receu les Lutheriens à leur Communion nous y doiuent außi receuoir?* Et comment la prouueriés vous, sans supposer que vostre creance est en tout & par tout conforme à celle des Lutheriens? Ce qui seroit la fausseté mesme. Car à le prẽdre en general, le Ciel n'est pas si esloigné de la terre que la creance Lutherienne l'est de la Romaine. Et mesme pour la Realité ie n'y trouue pas cette conformité que vous vous attribués. Car comme vous auoüés vous mesme, le Lutherien *croit la presence Réelle du corps & du sang de Iesus Christ dans le pain & dans le vin de la Cene.* Et c'est ce que vous n'aués garde de croire, puis que vous abolissés la substãce du pain & du vin. Comment donc le Corps seroit-il present au pain & au vin, puis que selon vostre doctrine il n'y a ni pain ni vin en l'Eucharistie? Qui est vne creance que nous tenons beaucoup pire que celle du Lutherien. Car en ostant le pain & le vin de la Cene, elle n'y laisse plus de signe exterieur, & par là destruit tout a fait la nature du Sacrement: Puis que selon la definition des anciens & nouueaux Docteurs, & des vostres mesmes, le Sacrement n'est autre chose qu'vn signe Sacré. En outre elle attribuë à Iesus Christ vn corps fait de pain. Ce que nous ne pouuons accorder auec l'Euangile, qui dit qu'il a esté fait de femme, & de la semence de Dauid selon la chair. Ioint que le Lutherien croit la preſence du corps ſans en definir la maniere. Il ne la fait point dépendre de l'intention du Preſtre : mais de la ſeule vertu de Dieu. Il ne croit point qu'il y demeure hors l'vſage du Sacrement, ni qu'il ſoit ſujet à eſtre rongé par la vermine, ni à d'autres accidens que i'ayme mieux taire. Il n'adore point le Sacrement. Il ne luy conſacre point de Feſtes. Il ne le promeine point par les ruës auec pompe & ſolemnité. Il ne ſacrifie point Ieſus Chriſt, comme on pretend faire à la Meſſe. Il ne fait point de ſeruice en langue non entenduë. Il n'oſte point le Calice au peuple. Il improuue cõme nous la Tranſſubſtantiation & les Meſſes ſans Communians. Et Symbolize de meſme auec nous quaſi en tous les autres points de la Religion. Il ne recognoiſt que deux Sacremens proprement ainſi nommés, le Bapteſme & la Sainte Cene. Il ne croit point qu'ils œuurent comme on parle *ex opere operato*, c'eſt à dire par *œuure œuuré*, & deſployent leur efficace meſme enuers ceux qui n'y pẽſent pas. Il ne priue point du ſalut les enfans des fideles morts ſans Bapteſme. Il ne ſert point aux images. Il n'inuoque point les Saints ni la Vierge.

ge. Il ne baſtit point de temples en l'hõneur des creatures. Il ne ſert point leurs Reliques pour en abuſer à ſuperſtition. Il ne prie point pour les morts, parce qu'il ſçait que s'ils eſtoyent fideles ils ſe repoſent de leurs trauaux, & que leurs œuures les ſuiuẽt. Il n'adreſſe ſes prieres qu'a Dieu, & ne recognoiſt autre Mediateur que N. S. I. Chriſt. Il ne reçoit point d'autre Purgatoire que ſon ſang, ni d'autre ſatisfaction que ſa mort, ni d'autre Autel que ſa Croix, ni d'autres merites que ce qu'il a fait & ſouffert pour nous, ni d'autre juſtification que celle qui ſe fait par l'imputation de ſa Iuſtice tres-parfaite que nous embraſſons par la foy. Il n'attribuë point le ſalut à ſon franc arbitre: mais à la ſeule grace de Dieu. Il ne croit point que l'Eueſque de Rome ſoit Prince ou Eſpoux de l'Egliſe, *etiã ſecluſo Chriſtô*, Ieſus Chriſt meſme eſtant mis à part, ni qu'il ait vn threſor d'indulgences qu'il diſtribuë à ceux qui en ont beſoin, ni qu'il ſoit Iuge ſouuerain des controuerſes, & exempt de pouuoir errer. Il ne defere cet honneur qu'a la Parole de Dieu à laquelle il a recours pour apprendre toute la doctrine du salut, sans y mesler les traditiõs ni les inuentions des hommes. Il joüyt de la liberté que l'Apostre donne au Prestre & Euesque d'estre Mary d'vne seule femme. Il jeusne comme nous aux occasions, sans s'attacher precisément aux jeusnes de l'Eglise Romaines, ni à la d'istinctiõ des viãdes, sçachãt que Dieu les a crées pour les fideles, afin qu'ils en vsẽt auec actiõ de graces. Il ne s'astreint point aux vœux Monastiques, ayant apris de S. Paul que l'exercice corporel sert à peu de chose: mais que la pieté sert à tout. Si quelcun reuoque en doute tout, ce que ie vien de representer, de la creance des Lutheriens, qu'il voye leurs liures de cõtrouerses, & particulieremẽt Chemnice, excellent Docteur Lutheriẽ, en son examen du Concile de Trente, ou il en demonte tous les Canons, à peu prés par les mesmes raisons que nos plus signalés Docteurs. Pourquoy donc ne recognoistrions nous pour freres ceux que nous voyons tous les jours cõbatre auec nous sous mesmes enseignes & pour les mesmes veritez? Que s'il y a entr'eux & nous quelques differens particuliers, comme il arriue quelquesfois entre les soldats qui ſont ſous vn meſme general, cela doit-il empeſcher que nous ne les conſiderions comme eſtans d'vn meſme parti ? Et pleuſt à Dieu que nous peuſſions auoir de vous les meſmes ſentimens ; Nous y trouuerions bien noſtre conte en pluſieurs façons : Mais helas ! quoy que voſtre Egliſe ayt conſerué beaucoup de doctrines eſſentielles du Chriſtianiſme, cela eſt offuſqué d'vne fumée ſi eſpaiſſe de doctrines & traditions humaines, que comme il auoit eſté predit, le corps du Soleil en eſt obſcurci.

Et quaud meſme voſtre doctrine ſeroit a peu prés auſſi pure que celle des Lutheriens, ſi eſt-ce que nous ne pourrions pas faire pour vous ce que nous auons fait pour eux, ſi vous ne changés bien d'humeur. Car qu'auõs nous fait pour les Lutheriens ? Nous auons receu à noſtre Cõmunion ceux d'entr'eux qui l'ont recerchée, & qui n'ayãs pas encore aſsés de lumiere pour renoncer à leurs erreurs, ont promis neantmoins de ſe joindre à nos aſſemblées auec vn eſprit de douceur & de charité, ſe gardans de d'ogmatiſer, & de ſolliciter ceux de nos troupeaux de renoncer à la doctrine cruë & profeſsée parmi nous. Sans qu'ils ayent stipulé de nous rien de reciproque, ni osté la liberté à nos Pasteurs de prescher contre leurs erreurs, comme ils font encore tous les iours à Lyō & en ces Eglises de Bourgogne ausquelles se joignent les Lutheriēs. Pour donc auoir sujet de vous plaindre de ce que nous ne vous traittons pas auec la mesme equité, il faudroit que vous nous eussiés fait les mesmes offres que ces Lutheriens, & vinsiés Communier auec nous sous les mesmes conditions. Dequoy ie croy que vous m'auouërés que vous estes bien esloignés. Car bien loin de venir à nous, vous pretendés que nous deuons nous reünir à vostre Eglise, Et trahir nos sentimens par vne complaisance indigne de vrays Chrestiens. Encore ne seriés vous pas contens, si nous ne venions jusqu'a vne abjuration formelle de la verité, Car vostre Concile de Trente, que vous croyés comme la Parole de Dieu, prononce anatheme contre tous ceux qui n'adherent pas à tous ses erreurs, mesmes aux choses de moindre importance. Cela posé, faites reflexion sur vostre raisonnement, pour en reconnoistre la foiblesse, & combien vostre cōparaiſon peche en toutes ſes parties. Car afin qu'elle fuſt juſte, & que nous puſſiõs agir auec vous de meſme façon qu'auec ceux de la confeſſion d'Ausbourg, il faudroit que nous creuſſions la voſtre auſſi pure, & nous y remarquons dix fois plus d'abus, & quelques-vns bien plus importans, comme ie monſtreray cy-apres. Il faudroit encore que vous nous permiſſiés en viuant dans voſtre Communion, de croire & de Preſcher noſtre doctrine auec liberté, dequoy vous eſtes bien eſloignés. Teſmoins les pauures Ianſeniſtes, à qui on ne permet pas de Preſcher, ni quaſi de croire ce qu'ils ſe perſuadent auoir trouué de la doctrine de la grace dedans les eſcrits de S. Paul & de S. Auguſtin, l'vn le plus grand des Apoſtres, & l'autre le plus grand des Docteurs qui les ont ſuiuis. Bref il faudroit que voſtre Pape renonçaſt au droit qu'il pretend auoir d'impoſer à ceux qui le ſuiuent la neceſſité de croire & d'enſeigner tout ce qui luy plaiſt. Et c'eſt ce qu'il n'a garde de faire, parce qu'il ſçait bien que nous l'attaquerions le premier, & qu'il veut regner par tout ou il eſt, & auoir vn ſouuerain empire ſur les conſciences. Et pourquoy nous remettrions nous ſous vne telle captiuité, Dieu nous en ayant tirés par main forte & bras eſtendu? Comme ſi S. Pierre ayant eſté tiré de priſon par la main de l'Ange fuſt allé volontairement ſe remettre dans les liens.

Apres ce diſcours general, il me ſera aiſé de reſpondre à vos quatre queſtions *nettement & ſans euaſion*. Ce que vous ne me preſcririés pas auec tant de precautions, ſi vous cognoiſsiés ma ſincerité, & combien ie ſuis ignorant en la doctrine des equiuoques. La premiere de ces queſtions, c'eſt, ſi ie ne recognoy pas que noſtre Synode a receu les Lutheriens à noſtre Communion, ſans faire abjuratiō des opinions qu'ils tiennent differentes des noſtres. A quoy i'ay deſia ſatisfait en vous repreſentant les propres termes de l'article que vous allegués. Et ne croyez pas, Monſieur, m'auoir obligé à cette confeſſiō par le poids & par le nombre de ceux que vous en appellés à teſmoins. Car comme nous ne tenons pas nos Synodes pour des œuures de tenebres, bien loin d'en cacher les Actes nous voudrions que toute la terre en priſt cognoiſſance, pour y voir reluire la candeur & l'equité de nos procedures, & l'ardente charité des auteurs, qui paroist sur tout en cét article dont vous faites tant de bruit. Duquel s'il y en a qui se scandalisent, ou ce sont des esprits foibles qu'il faut instruire; ou ce sont des ennemis de nostre profession qu'il faut negliger, comme gens qui trouuent tousiours à mordre sur nos actions, pource que hayssans nos personnes, ils prennent par la mauuaise anse tout ce qui peut venir de nous.

En vostre seconde question vous m'en faites trois pour vne; La premiere, si pour estre en l'Eglise il n'est pas necessaire d'auoir la veritable foy. La seconde, si pour receuoir dignement le corps de Iesus Christ il n'est pas absolument necessaire d'estre en la grace Diuine. La troisiesme, si celuy qui est dans la foy & la charité n'est pas dans la voye de la gloire, dont la foy est l'entrée, & les Sacremens les gages. A quoy, sans m'arrester aux preuues que vous alleguez pour l'affirmatiue, ie respons qu'il est certain que pour estre dans l'Eglise il est necessaire d'auoir la veritable foy, & tout autremẽt que vous ne croyés. Car le Cardinal Bellarmin, le plus Illustre de ceux de vostre

De Ecclef. lib. 3. cap. 2. ordre, enſeigne que *pour pouuoir eſtre dit partie de la vraye Egliſe, il n'eſt pas requis d'auoir aucune vertu au dedans, mais ſeulement de faire vne profeßion exterieure de la foy, & de communier aux Sacremens.* C'eſt à dire que les hypocrites & les reprouués font partie de l'Egliſe, comme les plus gens de bien. Ce qui ne s'acorde gueres auec la Parole de Dieu, qui dit que *Chriſt à aimé* Ephef. 5.25. *l'Egliſe, & s'eſt donné ſoy-meſme pour elle, afin qu'il la ſanctifie, &c.* D'où vient que l'Apoſtre adreſſe ſa premiere aux Corinhiens *à l'Egliſe qui eſt à Corinthe, aux ſanctifiés en Ieſus Chriſt.* Et ſa ſeconde de meſme, *à l'Egliſe qui eſt à Corinthe, auec tous les Saincts qui ſont en Achaïe.* Heb. 22. 23. Et *vous eſtes* dit-il, *venus à l'Egliſe & aſſemblée des premiers nés dont les noms ſont eſcrits aux Cieux.* Et S. Pierre à la fin de ſa premiere : *L'Egliſe qui eſt en Babylone eſleuë auec nous vous ſaluë.* Il y a ainſi dans la Vulgate, qui ſupplée le mot d'Egliſe ſous entendu dans le Grec. Autant de textes qui monſtrent que pour eſtre vray membre de l'Egliſe, il ne ſuffit pas de faire vne profeſſion exterieure de la verité : Mais il faut auoir au dedans les vertus Chreſtiennes, & eſtre du nombre des enfans

de

de Dieu. Ainsi, Monsieur, je vous en accorde bien plus que vous n'en demandiés. I'auouë aussi qu'il faut estre en estat de grace pour participer dignement à la Saincte Cene, Et que la foy & la charité, & qu'estre en la vraye Eglise, & participer auec foy & repentance aux Sacremens administrés selon l'institution de I. Christ, sont des aides à salut. Vous vous trauaillés donc pour neant à prouuer ces verités. Il faut cependant remarquer que i'appelle foy veritable celle qui croit toutes les Doctrines fondamentales du Salut, & tout ce qui est absolumēt necessaire de sçauoir pour estre saué. Car il y peut auoir des erreurs, mesme tres-grossiers & absurds, qui n'empeschēt pas que la foy ne soit veritable au principal, & ne nous excluent pas de la grace, quand on y tombe par infirmité, & quand ils ne font que tromper & aueugler l'entendement, sans corrompre les affections. Sur quoy si ie voulois insister, & monstrer en quoy different les erreurs qui renuersent le fondement de la foy d'auec ceux qui ne le renuersēt pas, ce discours me tireroit trop loin, & passeroit la mesure d'vne simple lettre. C'est pourquoy il me suffit d'auoir donné en passant cét auertissement general.

En la troisiesme question, m'ayant demandé s'il n'est pas vray que les Lutheriens croyent la presence réelle de Iesus Christ dans le pain & le vin de la Cene par sa propre substance, & non par figure, & la reception réelle de sa chair & de son sang, par la bouche du corps, comme ayāt peur que ie ne le niasse, vous m'ē alegués forces tesmoins, tantost de vostre propre sein, comme de Monsieur du Perron; tantost de Luther luy mesme, & de la confession d'Ausbourg, & de huict mille autres Lutheriens: tantost de quelques-vns de nos Ministres, comme des Sieurs Daillé, Charles & Vidal. Qui est vne peine dont vous eussiés pû vous passer, puis que la chose est bien plus claire d'elle mesme que toutes vos preuues. Qui est-ce qui se voudroit mettre en peine de prouuer que vostre Eglise croit la Transubstantiation, ou la nostre la Manducatiō par la foy? Cependant ie me sens obligé de vous auertir que l'article de la Confession d'Ausbourg, dans mon edition à Anuers 1582. dit simplement qu'ē la Cene du Seigneur *le corps & le sang de*

Christ sont vrayement presens, & sont distribués à ceux qui mangent en la Saincte Table. Ce qui est biẽ esloigné de ce que vous luy faites dire que *le vray corps & le vray sang de Christ sont vrayement sous le signe du pain & du vin, & auec le pain & auec le vin.* Quant aux liures de Luther que vous cités, ie n'en puis parler, parce que ie ne les ay pas : Et n'ay iamais lû ce que vous en allegués, que *le corps de Christ est broyé par les dents*, ailleurs que dans le Canon *Ego Beregarius*, qui fut approuué par le Pape Nicolas second, & inseré dedans le decret par Gratien. Quoy qu'il en soit ie pourrois prouuer par grand nombre de passages que les Lutheriens n'ont point cette creance. *De consecr. Dist. 2.*

A vostre quatriesme question, si nous croyons que la creance Romaine touchant la presence & Manducation du corps de Iesus Christ au Sacrement est autre que celle des Lutheriens, & qu'en eux nous trouuons receuable: Ie respons qu'en ces mesmes articles la creance Romaine à cela de pire que la Lutherienne que, pour rendre Iesus Christ present, elle abolit la substance du pain, au lieu que les Lutheriens la conseruent. Et attache le corps de Iesus Christ au Sacrement mesme hors l'vsage, au lieu que les Lutheriens ne le croyent present que pendant la celebration. Qui sont deux erreurs de grande importance; pource que le premier destruit les signes d'vn Sacrement institué par I. Christ, & en abolissant le pain & le vin, abolit le Sacrement luy-mesme Et l'autre fait que ce pain, qui hors la Communion n'est plus que du pain selon la doctrine Lutherienne, est Iesus Christ selon la Romaine, caché sous les especes du pain. Doù naissent quantité d'autres abus que i'ay representés cy-dessus, comme l'adoration non seulement de ce qu'on pretend estre Iesus Christ: mais de l'hostie & du Sacrement tout entier: & ce qu'on luy fait vne feste, ce qu'on le promeine par les ruës, & tout le peuple s'agenoüille, & rend le mesme honneur à ce peu de paste qu'on feroit au Createur. De plus, Monsieur, vous vous seruez d'vne estrange façõ de parler, quand vous dites que nous trouuons receuable la creance des Lutherië. Et en la page suiuante passant encore outre, vous dites que nous l'auons receuë. Et vn peu plus bas, que nous accordons

maintenant & receuons ce que nous a-
uons autresfois trouué de plus horrible
& de plus execrable en la Religion Romaine, qui estoit de mettre Iesus Christ
dans du pain & le manger par la bouche
du corps. A quoy ne r'estoit que d'ajoû-
ter que nous sommes Lutheriens comme
eux. Dequoy nous justifie l'article mesme de nostre Synode, dans lequel nous
leur faisons promettre qu'ils ne sollici-
teront iamais les enfans qu'ils presentẽt
au Baptesme à contreuenir, soit directe-
mẽt ou indirectemẽt, à la doctrine creuë
& professée en nos Eglises. Ce que nous
ne ferions pas, si nous auions receu leur
doctrine, ou si nous la croyons receuable,
ou à peu prés indifferente. On ne reçoit
que les doctrines qu'on tient veritables.
D'où vient que S. Paul appelle doctrines
dignes d'estre receuës celle qui enseigne
que Iesus Christ est venu au monde pour
sauuer les pecheurs, & ce qu'il dit que la
pieté est profitable à toutes choses, & a
les promesses de la vie presente, & de la
vie à venir. Mais bien loin de mettre en 1 *Tim.* 1.
ce rãg ce que croyẽt les Lutheriens que I. 15 & 4.
C. est dans le pain, & qu'on le mãge par la 9.
bouche du corps, nous tenõs que ce sõt do-

ctrines tout à fait absurdes, qui choquēt la raison & les sens, & mesme la Parole de Dieu : & qu'il s'en ensuit des consequences tres-fascheuses, & qui vont à la destruction de la nature humaine de Iesus Christ. C'est ce que nous publions par nos liures, & faisons retentir en nos chaires, & que nous prouuons par des raisons ausquelles nous ne croyons pas qu'il soit possible de repartir. Ce que vous ne pouués ignorer, apres auoir veu plusieurs de nos liures faits exprés sur cette matiere donc vous m'allegués diuerses clauses.

Qu'est-ce donc qui vous à fait dire que nous trouuons receuable, que mesme nous receuons & accordons maintenant la doctrine des Lutheriens ? En voicy la seule raison. C'est que nous receuōs leurs personnes à Cōmunier auec nous, quand ils le demādēt, sās les obliger à faire abjuratiō, ni stipuler d'eux autre chose que le silēce, & qu'ils ne dogmatiserōt point. Mais de la tout ce qu'on peut recueillir, c'est que nous souffrons & tolerons en eux ces fausses creances, & non ce que vous pretendés que nous les receuons ou les accordons. Et entre ces deux choses il n'y a pas moins de difference qu'entre approuuer & improuuer. Car les creances qu'on reçoit & accorde, ce sont celles qu'on approuue. Mais celles qu'on ne fait que souffrir, ce sont celles qu'on n'approuue pas. Si bien qu'en confondant ces deux choses, vous confondés les deux contraires, C'est à dire le blanc & le noir, ou les deux contradictoires, c. d. l'ouy & le non.

Mais quoy que c'en soit, dites vous, vous n'improuués pas tellement ces doctrines des Lutheriens que vous leurs defendiés vostre Communion, puis que vous y receués ceux d'entr'eux qui la demandent. Ce qui est, recognoistre que la foy & la charité & l'esperance du salut peuuent compatir auec ces doctrines. Car on ne reçoit point à la Cene ceux qu'on croit exclus de ces auantages. Ie l'auouë, si leurs erreurs ne viennent que de foiblesse & d'infirmité, & nō d'vn endurcissement aueugle, & d'vne resolution opiniastre de s'opposer à des verités cognuës, comme ceux dont parle Iob qui se rebellent contre la lumiere. *Iob 24. 13.* Car encor que ce soyent erreurs fort grossiers, si est-ce qu'ils ne les engagent à aucun seruice idolatre, comme il a esté monstré. Il est vray qu'ils prẽnent à genoux le pain & le vin de la Cene : mais comme font en Angleterre ceux qui ſont de noſtre creance, non pour adorer les ſignes, mais pour adorer Ieſus Chriſt ſeant à la dextre du Pere Celeſte. De là vient que de tous ceux qui aſſiſtent à la Communion perſonne n'eſt a genoux que celuy meſme qui communie, comme j'ay quelquesfois veu en Suede. Et encore que cette opinion deſtruiſe par conſequence les proprietés du corps de noſtre Seigneur I. Chriſt, & ne puiſſe compatir avec la verité de ſa nature humaine, qui eſt vne des doctrines que nous nommons fondamentales & abſolument neceſſaire à noſtre ſalut; Si eſt-ce qu'il ne les faut pas mettre au rang de ces heretiques anciens & nouueaux qui ont attribué à I. Chriſt vn corps phantaſtique, ou venu du Ciel, ou qui ont confondu les deux natures diuine & humaine. Car ils auoüent comme nous, que I. Chriſt à vn vray corps, né de la Vierge Marie, & deſcẽdu des Peres ſelon la chair, & ſemblable au noſtre en toutes choſes horſmis peché. Et s'ils renuerſent ces verités, en attribuant à I. Chriſt vn corps qui eſt caché ſous le pain, & tout enſemble au ciel & en la en terre en diuers endroits, ce n'est que par des consequences, & des consequences qu'ils ne voyent pas. Car sans doute que s'ils les voyoient, ils renonceroient à leurs creãces absurdes, ou de l'vbiquité, ou de la presence réelle du corps de I. Christ par tout où se celebre l'Eucharistie, plustost que de prendre parti auec ceux qui ont nié formellement l'incarnation ou l'humanité de nostre Seigneur I. Christ.

Au reste, ce qu'on trouue si estrange que nous admettions en nostre Communion des personnes que nous sçauõs estre en erreur, est-ce vne chose sans exemple? Cela ne s'est-il pas tousiours veu? Dés la naissance de l'Eglise, il s'en est tousiours veu quelques-vns qui ont eu diuers sentimens, pour lesquels on ne les frapoit pas de foudres & d'anathemes. Ainsi en l'Eglise de Rome l'vn croyoit qu'on pouuoit manger de toutes choses, & l'autre qui estoit débile mangeoit des herbes. Et sur cela S. Paul defend à celuy qui mange de mespriser celuy qui ne mange point, & à celuy qui ne mange point de condamner celuy qui mange. En l'Eglise Rom. 14. de Philippes il y en auoit qui vouloyent 2. 3. ramener les ceremonies l'égales, desquels il veut qu'on ſupporte , & que les parfaits (en cognoiſſance) ayent ce ſentiment, que ſi ceux-là ſentent autremẽt, vn iour Dieu leur reuelera ce qu'il a reuelé à ceux-cy. Il y en auoit à Corinthe meſme parmi les croyans, qui nioyent la reſurrection, contre leſquels diſpute bien au long l'Apoſtre S. Paul au quinzieſme de ſa premiere aux Corinthiens. Et d'autres qui venans en l'aſſemblée pour Cõmunier à la Saincte Cene y mangeoyent & beuuoyẽt iuſqu'à l'excés. Et ne paroiſt point que pour ces excés ils ayent eſté touchés par autre main que celle de Dieu, qui frapoit les vns de maladie, & les autres à mort. Que ſi nous deſcendons plus bas, combien trouuerons nous d'opinions dans les eſcrits des plus anciens Peres, qui auiourd'huy ne ſont plus receuës ? Il y en a qui ont defendu toute ſorte de ſermẽs pour quelque raiſon que ce ſoit. Et d'autres qui eſtoyent Chiliaſtes, & ont tenu que Ieſus Chriſt regneroit mille ans icy bas. D'autres qui ont enſeigné que deuant le deluge il eſtoit né des démons, de la copulation des femmes auec des Anges des Cieux. Et que les ames deuoyent demeurer iuſqu'à la fin

Phil. 3. 15.

1. Co. 11. 21 30.

du monde en vn lieu secret, qui n'est ni le Ciel, ni l'Enfer, ni le pretendu Purgatoire : car on n'y sentoit point de mal. Et que tous, mesmes les plus Saints, tous les Prophetes, tous les Apostres, & mesmes la Vierge, passeroient à trauers le feu du dernier iour, pour aller au Ciel. Il y en a qui ont creu qu'õ resusciteroit plustost ou plus tard, selon qu'on auroit fait bien ou mal. Et l'opiniõ de Methodius estoit qu'õ viuroit en terre à iamais apres la Resurrection. Tertullien, S. Cyprien, Firmilien, Denis d'Alexandrie, & diuers Conciles ont voulu qu'on rebaptisast tous ceux qui auoyent esté Baptisez par les Heretiques. Lactance semble auoir nié que le S. Esprit soit vne persõne distinguée du Pere & du Fils. Et S. Hilaire que I. Christ ait senti des tourmens en la mort de la Croix. Et S. Ambroise n'a pas creu que l'adultere fust illicite deuant la Loy de Moyse. S. Epiphane enseigne que le Diable auoit tousiours esperé la grace auant la venuë de I. Christ. Tertullien fait Dieu corporel, & S. Augustin les Anges, & S. Hilaire les ames. Irenée & Theodotus veulent qu'apres la mort elles gardent la forme du corps. S. Hierosme ne croit pas que la prouidence de Dieu s'estende jusqu'aux petits animaux, cõme les mousches, mouscherons, &c. Et S. Augustin condamnoit au feu eternel tous les petits enfans morts sans Baptesme & sans Communion. Or de toutes ces opinions il n'y en a point qui ne passe aujourd'huy pour erreur, les vns moindres, les autres plus grands. Mais ie vous tiens trop raisonnable pour croire que pour tous ces erreurs, tant d'illustres persõnages ayent deu estre priués de la Communion, & l'Eglise du fruict de leurs labeurs. Et cela posé, vous m'accorderés qu'encor qu'il faille tousiours trauailler à redresser ceux qui errent, si est-ce qu'il y a quelquesfois des erreurs qu'il faut supporter en charité : comme si ce sont erreurs qui n'establissent pas vn faux seruice, & qui ostent à Dieu la gloire qui luy est deuë, ou qui n'arrachent pas de nos cœurs la confiance que nous deuons auoir en Dieu & en Iesus Christ, & qui ne soyent pas accompagnés de force & de tyrannie, qui oblige a y adherer ceux de la mesme Cõmunion, & sans cercher plus loin des exemples, combien y a-il parmy vous d'opinions diuerses & mesmes contraires, touchant la grace, & le Franc-Arbitre, touchant la conception de la ſainte Vierge, touchant la maniere dont ſe fait la Tranſſubſtantiation, touchant diuers cas de conſcience, touchant la queſtion ſi le Pape eſt par deſſus le Cõcile, ou le Concile par deſſus le Pape, & des deux opinions cõtraires, il faut qu'il y en ait vne fauſſe. Cependant les vns & les autres viuent en meſme cõmuniõ, Sõme que l'infirmité des hommes eſtant ſi grande, il eſt plus a deſirer qu'a eſperer que nous ayons meſme ſentimẽt en toutes choſes ſans nulle exception. Et nous ſommes quelquesfois forcés à vſer l'vn enuers l'autre de condeſcendence. Ieſus Christ meſme nous ayant auerti qu'il eſt à craindre qu'il n'aduienne qu'en cueillant l'yuraye nous arrachions le blé quant & quant. *Matth. 13 29.*

Ces remarques & les precedentes deſcouuriront la foibleſſe des quatre concluſions par leſquelles vous finiſsés voſtre eſcrit, qui ſont toutes baſties ſur de faux principes. La premiere & la ſeconde (qu'en receuant les Lutheriens a noſtre Communion, nous auons auſſi receu & approuué leur creance touchant la

presence réelle, la manducation orale du corps de I. Christ dans le pain, & qu'il peut estre en plusieurs endroits, & tout entier dans le tout du pain, & tout en chaque partie, & d'vne façon qui est propre aux esprits, & par vne maniere de penetration) ont esté amplement refutées par ce que je vous ay desia dit qu'ẽ embrassant les Lutheriens par charité, nous n'auons pas receu leur doctrine, ni renoncé à aucune des verités de nostre creance. C'est-ce que nous ne ferions pas, quand il iroit de la perte de nos biens & de nos vies, & de tout ce que nous auons
Pro. 22. 23. de plus cher; sçachãs ce que dit Salomon. *Achete la verité & ne la vend point*, comme estant vne possession qu'ayant vne fois acquise, nous deuons cõseruer par dessus toute autre chose, pource qu'il n'y a rien au monde si precieux. Et quand nous serions si malheureux que de nous laisser seduire, ce ne seroit pas par ce Catechisme, & par des expressions qui semblent auoir esté forgées par des gens qui eussent esté marris d'estre creus. Car deuant ces derniers Siecles, ausquels pour vne creance nouuelle il a esté necessaire d'inuenter des termes nouueaux, on n'auoit

jamais ouy parler d'vn corps qui peust estre en plusieurs endroits, & proche ou esloigné de soy-mesme, & haut & bas en vn mesme temps, & tout entier sous vn point sans rien perdre de sa quantité, & qui est en lieu non localement, & à la façon des esprits, & qui a quantité sans la maniere de ce qui a quantité, *quantum sine modo quanti*, & qui est passible & impassible, corruptible & incorruptible en mesme moment. Car vous dites *qu'il faut qu'il soit incorruptible & impassible dans le Sacrement*. Il estoit donc incorruptible & impassible dans le Sacrement, quand Iesus Christ fit sa premiere Cene auec ses disciples. Cependant ce mesme corps estoit Psal. 16. 10.
en ce mesme temps passible & corruptible, tesmoin que le lendemain il souffrit la passion, & que ce fut la vertu de Dieu qui le garantit de corruption en la mort. En verité, Monsieur, vous aués bien grande raison, apres vous estre serui de ces expressions de vos Scholastiques, de dire que *ce ne sont pas des consequences*. Car il n'y a jamais rien eu de plus ἀνακόλουθον *esloigné de consequence* que ces façons de parler. Ausquelles encore qu'on vous ait familiarisé de jeunesse à force de les repe-

ter, ie m'asseure que vous ne vous en serués jamais, sans que vostre raison se sousleue contre ceux qui les ont forgées. Veu sur tout qu'il ne s'en rencontre nulle trace, ni dans l'Escriture, ni dans aucun de tous les Anciens. Aussi les Lutheriens se gardent bien de les employer, aimans mieux dire simplement, *de modo presentiæ, quia verbo Dei reuelatus non est, non esse disputandum*, qu'il ne faut point disputer de la maniere de la presence, puis que la Parole de Dieu n'en a rien reuelé. Ce sont les mots de Chemnice sur le Canon du Concile de Trente de la presence réelle. En quoy je le trouue sans comparaison plus prudent que tous vos Docteurs, qui pensans se cacher dans vne forest d'espines s'en trouuent les premiers piqués, & plus ils taschent a s'en tirer, plus ils s'accrochent & s'embarassent.

Vous ne reussissés pas mieux en vostre troisiesme conclusion, qui est que nous auons changé nostre Religion, puis que nous accordons maintenant & receuons ce qu'autresfois nous auons trouué de plus horrible & plus execrable en vostre creance, qui estoit de mettre Christ dans du pain sous du pain, &c. Esquelles paroles

les pour appuyer vne proposition qui est graces à Dieu bien esloignée de la verité, que *nous auons changé de creance*, vous en supposés trois autres aussi peu veritables. La premiere, que nous accordons maintenant & receuons ce qu'autresfois nous auons trouué de plus horrible en vostre creance. Car nous n'auons rien accordé ni receu de ce que nos peres auoyent rejetté de vostre creance, ou de celle des Lutheriens. Nous faisons encore de l'vne & de l'autre le mesme jugemēt qu'autresfois, comme j'ay tant de fois repeté. La seconde que vostre creance met Iesus Christ dans du pain ou sous du pain. Qui est la creance des Lutheriens, & non la vostre, laquelle ostant tout à fait le pain contreuient encore plus à la nature du Sacrement, puis qu'elle n'y laisse plus de signe, & suppose vn I. Christ fait de pain. La troisiesme que vostre opinion touchant la presence réelle, soit sous le pain comme vous dites, ou sous les especes du pain comme vous le croyés en effect, est-ce que nous trouuions autresfois de plus horrible en vostre Religion. Il est vray que Caluin à dit selon que vous le cités, *qu'il n'y a rien de plus incroyable.* Et c'est le mesme jugement que nous en faisons encore aujourd'huy. Mais le cult que vous luy rendés nous choque beaucoup dauantage. Les erreurs qui ne font qu'esblouyr les yeux de l'entendement ne sont pas si criminels que ceux qui apres auoir offusqué la lum iere de l'esprit, de là passent en la volonté, pour la porter à souscrire à des actions illicites. Car si au regard de l'entendement nous sommes clair-voyans ou aueugles, c'est au regard de la volonté que nous sommes bons ou mauuais, justes ou criminels deuant Dieu. Or la creance que vous aués que ce vray corps de Iesus Christ qui est à la dextre de Dieu est vrayement & réellement caché sous les especes du pain, est à la verité selon nous, vn erreur tres-grand, & duquel se peuuent tirer, comme de celuy des Lutheriens, des consequences qui destruisent la nature humaine de I. Christ: Mais vous ne les auoüés nō plus qu'eux. Et graces à Dieu nos trois Religions sont d'accord de ce poinct si important que Iesus Christ à pris vn vray corps dans le ventre de la Sainte Vierge, & vne chair semblable à la nostre. Si donc vous ne passiés pas outre, non plus que les Lutheriens,nous trouuerions vostre erreur biẽ plus supportable : mais quand nous võyons que cét erreur vous porte à rendre à vne simple creature , & à vne creature qui n'a pas de vie, tous les seruices qui n'apartiennent qu'au Dieu Souuerain, & à le tesmoigner auec tant d'esclat par des festes, Processions solemnelles, & autres pompes que vous faites en son honneur; & quand nous pẽsons à toutes les suites de ce mesme erreur, comme le sacrifice qu'õ pretend faire tous les iours de Iesus Christ sur tous les Autels, les Messes sans Communians, le retranchement de la Coupe, & autres semblables, nous regardons ces tristes objects auec beaucoup de compassion de ce qu'vne mauuaise creance vous oblige à vne façõ de seruir Dieu si esloignée, mesme si contraire à ce qu'il nous prescrit en sa Parole. Au lieu que les Lutheriens croyent tellement la presence réelle du corps de Iesus Christ sous le pain, qu'ils ne pratiquent rien de pareil, C'est pourquoy nostre Synode à eu grande raison de dire qu'il n'y a en leur creance, ni idolatrie, ni superstition, & Monsieur Daillé, de soustenir que leur creãce ne les engage à riẽ qui soit contraire à la pieté ou à la charité. Mais vous me permettrés de vous dire que vous n'en aués point du tout, quand vous cités ces passages, comme contraires à ceux de Caluin & Beze, & autres Ministres contre vostre transsubstantiation, pour en inferer que nostre Religion à changé, & qu'il n'y peut auoir au monde vn changement plus visible, & qu'on ne doit plus prendre nulle creance en nous. Car il n'y a point de contrarieté sinon entre ceux qui disent choses contraires d'vn mesme sujet. Or de ceux que vous opposés les vns aux autres, les premiers parlent de vostre doctrine, & les derniers de la Lutherienne. *De cepis interrogatus respondes de alliis*. S'ensuit-il que nous ayons changé, pource que nos derniers Docteurs ne parlent pas des erreurs des Lutheriens comme les premiers ont fait des vostres. Veu qu'entre vous & les Lutheriẽs, il y a tant de differẽce, & quãt à la creance, & quant au cult & seruice exterieur ? N'est-il pas vray que tout le cult & seruice des Lutheriens est aussi semblable au nostre que le vostre en est esloigné ? Et quant à la creance, qu'ils ne croyent pas que I. Christ soit fait de pain,

& ne destruisent point la substance du pain ni du vin ? Au reste en vne matiere, ou il se faut tenir aux mots precis, vous faites dire à nostre Synode ce qu'il ne dit pas, que la creance des Lutheriens *ne ruine aucun mystere.* Qui n'est pas ce que nous croyous ; Car selon nous elle ruine la nature humaine de Iesus Christ. Mais parce que cela ne se fait que par des consequences qu'ils desauoüent, & qu'au fonds ils font profession de croire de ce mystere & des autres qui importẽt le plus à la vraye pieté, les mesmes choses que nous, le Synode n'a pas laisśé de leur rendre ce veritable tesmoignage, *qu'ils conuiennent auec nous és principes & poincts fondamentaux de la vraye Religion.* Et Monsieur Daillé dit que leur opinion n'oste pas à Iesus Christ formellement, directement, immediatement, ni sa substance, ni ses proprietés : laissant à presupposer qu'elle l'oste indirectement & par consequence.

La quatriesme conclusion est que nous auons eu tort de nous separer d'auec vous pour la creance de la presence & manducation réelles du corps de Christ, veu que ceste creance par nostre aueu n'offense point la Foy, n'oste point la Grace, & ne priue point du Ciel, & que nous nous deuons reünir à vous au plustost? Sur quoy premierement ie demande ou nous auõs jamais auoüé que cette creance n'offence point la Foy. Ce qui seroit l'exempter tout a fait d'erreur. Car en matiere de Religion il n'y a point d'erreur si leger dont la Foy ne se tienne offensée. Et cestuy-cy est des grands & des importans. Toutesfois nous demeurons d'accord que cét erreur estant seul & separé de toutes ses suites, ne priue pas de la Grace & du salut eternel ceux qui n'y tombent que par ignorance. Mais nous faisons vn autre iugement de ceux qui s'y plongeroyent deux mesmes & contre les sentimens de leur conscience, & apres que Dieu leur a fait la grace de cognoistre par sa parole ce qui est de la verité. Sur tout si auec cét erreur ils embrassoyent tout ce que vous dites s'en ensuiure necessairement, c'est à dire la transsubstantiation, l'adoration, le sacrifice, la Communion sous vne seule espece. Ce seroit lors que nous nous rendrions coulpables de ce crime contre le S. Esprit dans lequel vous enueloppés ceux d'entre nous qui persisteront, au lieu d'obeïr à vos conclusions. Mais j'ay bien de la peine à comprendre surquoy vous fondés cette menace. Veu que vous n'a-ués pas mesme essayé à combatre aucun de nos articles, ni a rien prouuer des vostres, & que vos consequences sont esloignées de toute sorte de vray semblance. Car voicy à quoy tout aboutit. Puis que vous voulés bien souffrir en vostre Communion les Lutheriens, qui croyent vne des choses que vous tenés pour erreur, vous deués donc embrasser tout ce que vous aués rejetté jusqu'icy de nostre creance. Mais cét erreur là mesme des Lutheriens, nous ne l'auons pas embrassée Et nous mourrions de mille morts plustost que d'y auoir souscrit. Comment donc par cette raison nous tenés vous obligés a embrasser tous les vostres, c'est à dire vn fort grand nombre de doctrines & de pratiques que nous tenons aussi fausses, & beaucoup plus perilleuses? Vous sçaués que pour bien raisonner on ne doit rien mettre en la conclusion qui ne soit dans les premisses. Or n'y a il ou n'y doit auoir dãs vos premisses rien que ceey seul, que quelque Lutheriens nous ayans priés de les receuoir à nostre Communion ſans leur faire abjurer leur creance de la preſence réelle, nous les y avons receus. Quand donc vous nous ferés la meſme requeſte apres auoir renoncé à tous vos autres erreurs, & qu'il ne vous reſtera plus que celuy-cy, ſi nous ne vous faiſõs la meſme faueur que nous auons faite aux Lutheriens, vous auriés ſujet de vous plaindre. C'eſt tout ce que vous pouués inferer de cette comparaiſon. Et pleuſt à Dieu que vous fuſſiés en ce bon eſtat. Il vous en ſeroit beaucoup mieux, & à nous auſſi. A qui vous aués raiſon de repreſẽter qu'il nous doit eſtre faſcheux d'eſtre d'vne Religion contraire à celle de nos Princes & de nos Concitoyens. Sur tout veu l'obligation que nous auons à noſtre bon Roy de ce qu'il nous conſerue en paix parmy tant d'oppoſitions. Et des choſes qui ſont en noſtre pouuoir qu'y a-il que nous ne fiſſions pour luy teſmoigner nos reſſentimens? Mais celle-cy n'y eſt point du tout. Dieu nous ayant fait cognoiſtre ſa verité par ſa Parole, nous ne la pouuons abandonner pour des conſiderations humaines. Et noſtre Monarque eſt trop juſte pour nous y vouloir obliger. Et ſi nous

eſtions

estions si lasches que de trahir en vn poinct si important les sentimens de nos consciences, il auroit de grands sujets de se defier de nous. N'y ayant gueres d'apparence que ceux-là soyent fideles à leur Prince qui ne l'ont pas esté à Dieu mesmes.

Pour conclusion, Monsieur, puis que vous aués la bonté de me vouloir bien satisfaire sur les questions que ie vous proposeray sur cette matiere, au lieu des quatre questions que vous m'aués faites, trouués bon que ie vous face ces quarante. Et pour me seruir de vos termes, que ie vous conjure d'y respondre nettement & sans euasion, Si on trouue dans l'Escriture, ou dans les escrits des Anciens Peres.

1. Que le corps & le sang de Iesus Christ soyent vrayement réellement & substantiellement sous les especes du pain & du vin.

2. Que toute la substance du pain soit changée en toute la substance du corps, & toute la substance du vin en toute la substance du sang.

3. Qu'és mots *cecy est mon corps*, *CECY* signifie sous ces especes, ou vn indiui-

du vague, & vne substance indetermi-
née.

4. Qu'il les faille prononcer tout bas.

5. Qu'il y ait eu elleuation d'Hostie.

6. Qu'on luy ait assigné vne feste.

7. Qu'on l'ait promenée par les ruës en procession.

8. Que le peuple se soit prosterné deuant.

9. Que le Prestre se soit attribué le pouuoir de faire Dieu, & de creer son Createur.

10. Que rompant l'Hostie en trois morceaux, il les ait mangés tous trois.

11. Qu'il l'ait distribuée au peuple sans fraction.

12. Qu'on ait defendu le Calice au peuple.

13. Qu'on ait cru la concomitance, & que le sang est contenu sous les especes du pain, & le corps sous les especes du vin.

14. Qu'il y ait en l'Hostie des accidens sans substance, c'est à dire vne blancheur & rien de blanc, des longueurs & rien de long, &c.

15. Que les accidens, & non la substance du pain & du vin, soyent la figure du corps & du sang de nostre Seigneur Iesus Christ.

6. Que ces accidens soyent capable de nourrir.

7. Qu'il s'en puisse engendrer des vers.

8. Qu'ils puissent estre empoisonnés & empoisonner, tesmoin les histoires.

9. Que le corps de I. Christ y demeure tant que les accidens se corrompent.

20. Qu'il soit tout entier sous vn poinct.

21. Qu'il soit en mille endroits à la fois.

22. Qu'il soit esloigné de soy-mesme.

23. Qu'il puisse estre mangé par les rats & par la vermine.

24. Qu'il soit en l'Hostie à la façon des esprits.

25. Qu'il soit en lieu non localement.

26. Qu'il ait quantité sans la maniere de ce qui a quantité, *quantum sine modo quanti*.

27. Qu'il soit rompu & brisé par les dents des fideles, non en Sacrement seulement, mais aussi en verité, comme dit le Canon *Ego Berengarius*.

28. Que lors que I. Christ celebra la premiere Cene auec ses Apostres, son corps ait esté en mesmes temps passible, & impassible, corruptible, & incorruptible.

29. Que le Sacrement soit nul, si le Pre-

ſtre n'a eu intention de conſacrer.

30. Qu'il y ait eu des Meſſes priuées & & ſans communians, contre le Canon *Peracta*.

31. Qu'il s'en ſoit dit quatre ou cinq en meſme temple en vn ſeul iour.

32. Que le Preſtre offre en la Meſſe vn vray & réel ſacrifice du vray corps & ſang de noſtre Seigneur Ieſus Chriſt pour les viuans & pour les morts.

33. Qu'on ait dit des Meſſes pour les bleds ou pour les cheuaux.

34. Qu'on ait dit Meſſe en l'honneur des Saints.

35. Qu'on ait defendu de la celebrer en langue entenduë du peuple.

36. Ie demande auſſi ce que c'eſt que le Preſtre rompt en la Meſſe, & ce qui eſt deſtruit en ce ſacrifice.

37. Et puis que l'intention du Preſtre y eſt ſi neceſſaire que ſans cela il ne ſe fait point de conſecration, comment le peuple peut s'aſſeurer ſi le corps de Ieſus Chriſt y eſt, veu qu'il ne ſçait pas ſi le Preſtre a eu intention.

38. Si c'eſt de l'Euchariſtie qu'il eſt dit *ſi vous ne beuués le ſang &c. vous n'aurés point la vie*, comment le peuple qui ne

Ieh. 6. 53.

boit point peut auoir la vie.

39. A quoy ſert de ſuppoſer tant de choſes incompatibles pour eſtablir la manducation orale, qui eſt commune aux plus meſchans.

40. Comment on peut faire paſſer, ou pour vraye ou pour ancienne vne doctrine qui enſeigne tant de choſes dont l'Eſcriture ne parle point, ni la plus ſeure antiquité.

I'ay encore à vous ſupplier, quand vous m'enuoyerés vos eſcrits, de me donner loiſir d'y reſpondre quand ie pourray. Vous ſouuenant que i'ay icy vne vocation penible, & beaucoup de charge & peu d'aides, le iour que ie receus vos lettres, ie fus obligé d'aſſiſter au lit de la mort vn de mes amis & proches voiſins, & de conſoler ſa famille fort deſolée. Cependant vous m'enuoyaſtes dés le lendemain demander reſponſe par deux fois auec vn empreſſement extraordinaire, comme ſi i'eſtois homme à faire ceſſion. Et ſi vous aués agreable que nos communications continuent, abſtenés vous s'il vous plaiſt de me nommer en voſtre chaire, de peur que les eſprits ne s'eſmeuuent, comme ils ont fait autresfois pour des ſujets fort legers. Et vous m'obligerés de plus en plus à demeurer,

MONSIEVR,

Voſtre tres-humble & affectionné ſeruiteur SAMVEL BOCHART.

De Caën ce 30. Iuillet. 1661.

www.ingramcontent.com/pod-product-compliance
Ingram Content Group UK Ltd.
Pitfield, Milton Keynes, MK11 3LW, UK
UKHW021950260726
13994UKWH00004B/1653